PRAISE FOR *THE VISITS AND OTHER POEMS*

"Mirta Yáñez's voice has been a constant in recent decades of Cuban poetry: perceptive, incisive, unique. This bilingual collection gives the reader a sense of that voice from a selection of her many prize-winning books. I am delighted to recommend *The Visits and Other Poems* to an English readership!"

—Margaret Randall, *Only the Road / Solo el camino: Eight Decades of Cuban Poetry*

***

"Although better known for her narrative and essays, Mirta Yáñez was born a poet. It is confirmed by this collection of poems, many written when she was a university student. They echo a dialogue of the author with Havana: its streets, monuments, old homes, architecture, residents, and most important, its history, and, surprisingly, its future. The conversation includes important figures of Cuban and world literature. The reader will be able, in this book, to enter the secret world of a city full of magic and mysteries. The translation has captured these elements of Mirta Yáñez's poetry, and multiplies the reach of this dream-like and yet penetratingly view of Havana."

—Uva de Aragón, author and cultural critic

***

"What beautiful translations of these beautiful poems, flowing with emotion and memory, bringing surprises and revelations at every turn. How thankful I am that they now live in my language too."

—Breon Mitchell, Professor of Comparative Literature, Indiana University

ELOGIOS DE *LAS VISITAS Y OTROS POEMAS*

"La voz de Mirta Yáñez ha sido una constante en la poesía cubana de las décadas más recientes: perspicaz, incisiva, única. Esta colección bilingüe le proporciona al lector la sensación de esa voz, a través de una selección tomada de sus muchos libros galardonados. ¡Me encanta poder recomendarles *Las visitas y otros poemas* a los lectores angloparlantes!"

—Margaret Randall, *Only the Road / Solo el camino: Eight Decades of Cuban Poetry*

***

"Aunque más conocida por su narrativa y ensayos, Mirta Yáñez nació poetisa. Así lo atestigua esta colección con muchos poemas escritos cuando era estudiante universitaria. Son el eco del diálogo entre la autora y La Habana: sus calles, monumentos, viejas casonas, arquitectura, residentes, y más importante aún, su historia, y, sorprendentemente, su futuro. La conversación incluye a importantes figuras de la literatura cubana y universal. El lector podrá, a través de este libro, entrar en el mundo secreto de una ciudad toda magia y misterio. La traducción captura estos elementos de la poesía de Mirta Yáñez, y multiplica el alcance de esta visión de La Habana, tan quimérica como penetrante."

—Uva de Aragón, autora y crítica cultural

***

"Qué traducciones más bellas de estos bellos poemas, en que fluyen emoción y memoria, descubriendo sorpresas y revelaciones a cada paso. Cuán agradecido estoy de que ahora viven también en mi lengua."

—Breon Mitchell, Profesor de Literatura Comparada, Indiana University

***

"In this collection of poetry, the voice of the poet guides the reader through her memories of spaces 'crumbling under the weight' of time. The inner chambers of abandoned houses, stairwells, plazas, and unknown towers coexist in complicity with an uncertain present that is, arbitrarily enough, infused by the light of the sea and open spaces. Meaning is found in the remembrance of days of intellectual pursuits and joy when 'stairs were painted all the colors in the world.' Mirta Yáñez is the patient guide in this journey of discovery where a walk down a Havana street is a thread that connects past to present and leads us to dream that an entire city can become a place of both nostalgia and belonging. *The Visits and Other Poems* is that commemorative walk in search of memories that time has fixed in a beloved and intimate locus. This collection introduces readers to some paradigms of Cuban poetry written in the mid to last decades of the twentieth century. It is recommended for graduate and undergraduate students and scholars of Cuban literature alike."

—Ana Garcia Chichester, University of Mary Washington

***

"In the pages of this book the reader uncovers spaces of fleeting beauty and deceptive simplicity. *The Visits and Other Poems* is an exploration of hidden presences: layers of superimposed time saturate every sight of a minutely explored—and loved—Havana. The city is many cities throughout time but is also multiple by virtue of the incorporation of the distant, the possible, the secret, and the forbidden. This book closes a significant gap by bringing to the English-language reader the voice of a great Cuban poet in a precise and vibrant translation."

—Pilar Cabrera Fonte, Ph.D., Augustana Unversity

***

"En esta colección de poesía, la voz poética nos guía a lo largo de recuerdos de un sitio que 'se derrumbaba con el peso de nuestras piernas.' Los espacios íntimos de casas abandonadas, escaleras, parques y torres desconocidas coexisten en su complicidad con un presente incierto y arbitrariamente iluminado por la luz del mar y los espacios externos. Se encuentra sentido en la búsqueda de días de labor intelectual y alegría cuando 'las escaleras estaban pintadas con todos los colores del mundo.' Mirta Yáñez nos guía, paciente, en este viaje de descubrimiento en el que un paseo por la calle Reina es el hilo que conecta el pasado al presente y nos permite soñar que la ciudad entera pueda convertirse en un sitio tanto de nostalgia como de pertenencia. *Las visitas y otros poemas* es ese paseo conmemorativo, búsqueda de memorias que el tiempo ha fijado en el espacio de un lugar íntimo y amado. Los lectores podrán encontrar en esta colección algunos de los paradigmas de la poesía cubana desde mediados hasta fines del siglo veinte. Se recomienda para niveles de educación de graduados y pre graduados y para estudiosos de la literatura cubana por igual."

—Ana Garcia Chichester, Universidad de Mary Washington

***

"En las páginas de este volumen el lector descubre espacios de una belleza efímera y una engañosa simplicidad. *Las visitas y otros poemas* es una exploración de presencias ocultas: cada mirada se empapa de capas temporales superpuestas en una ciudad minuciosamente explorada—y amada—: La Habana. La ciudad es muchas ciudades a través del tiempo, pero también es múltiple en sí, en virtud de la incorporación de lo distante, lo posible, lo secreto, y lo prohibido. Este libro llena una laguna significante al llevar al lector de habla inglesa la voz de una gran poetisa cubana en una traducción precisa y vibrante."

—Pilar Cabrera Fonte, Ph.D., Augustana Unversity

***

Mirta Yáñez distills her scholarly knowledge of literature into poetic gems. Her allusive style summons the names of poets who have inspired her, but she succeeds in forging a unique style. She writes with a sense of duty as she pays homage to past ages of poetry, but she jealously guards her own individual voice. She writes of Columbus' first chronicle of the New World, and she writes of Sor Juana Inés de la Cruz. The specter of Rimbaud accompanies her through the streets of Old Havana, but then she writes that she has the city all to herself. Havana's malecón inspires a verse, but so also do Salamanca, Ávila, Isla Negra, and the streets of Paris and Buenos Aires. She finds her symbols in iron gratings and stained glass windows, relics in her pantheon of nostalgia. Simple yet sophisticated, the poetry of Mirta Yáñez offers a world of culture through a distinctively Cuban filter. The translation by Elizabeth Gamble Miller is limpid and unobtrusive, the hallmark of a master translator who is comfortable in both languages and cultures."

—Douglas E. LaPrade, University of Texas Rio Grande Valley

***

"Elizabeth Gamble Miller has once again served as a graceful guide and interpreter to a new world of image and memory in her translation of Mirta Yáñez' *The Visits and Other Poems*. The volume is a beautifully executed collection, all in Spanish-English presentation, of her verses, from early student years to life's later reflections. The narrative flow of the early poems, and Miller's shadowing English, brings us along on a venture through a deserted old mansion 'which doesn't even posses/ the acceptable number of ghosts' and on a stroll through Havana of 40 years ago, 'scampering about on the *malecón*,' 'walking with Rimbaud.'

***

"Mirta Yáñez destila su conocimiento académico de la literatura en joyas poéticas. Su escurridizo estilo convoca los nombres de los poetas que la han inspirado, pero ella llega a forjar un estilo único. Escribe con un sentido de obligación, rindiendo homenaje a la poesía de épocas pasadas, pero celosamente vigila su propia voz individual. Escribe de las primeras crónicas del Nuevo Mundo por Colón, y escribe de Sor Juana Inés de la Cruz. El fantasma de Rimbaud la acompaña por las calles de la Habana Vieja, pero luego escribe que la ciudad la tiene para sí sola. El Malecón de La Habana inspira un verso, pero asimismo Salamanca, Ávila, Isla Negra, y las calles de París y Buenos Aires. Encuentra sus símbolos en las rejas de hierro y los vitrales, reliquias en su panteón de nostalgia. Sencilla pero sofisticada, la poesía de Mirta Yáñez ofrece todo un mundo de cultura a través de un filtro característicamente cubano. La traducción de Elizabeth Gamble Miller es límpida, discreta, marca distintiva de una traductora maestra que se maneja bien con las dos lenguas y culturas."

—Douglas E. LaPrade, University of Texas Rio Grande Valley

***

"Una vez más Elizabeth Gamble Miller nos ha servido como una elegante guía e intérprete a un nuevo mundo de imagen y memoria, en su traducción de *Las visitas y otros poemas,* de Mirta Yáñez. El volumen es una colección bellamente ejecutada, en presentación español-inglés, de los versos de la poetisa—desde sus años como estudiante universitaria hasta las reflexiones más tardías de la vida. El fluir narrativo de los primeros poemas, y el inglés de Miller a la sombra, nos lleva a una aventura por una antigua y desierta mansión, que 'no posee siquiera/un número aceptable de fantasmas.' y caminando por La Habana de hace 40 años, 'correteábamos por el malecón,' 'con Rimbaud.'

She gives us a gift she has imagined for herself:

The other city is far away
from mine,
and doesn't belong to me;
but even without seeing it up close,
I can guarantee that I would come to love it a lot
even if only
for the walks I won't be able to take in it.

The sweet, plain meditations that close the book are a wonder, pages to be left open for repeat readings, entering the day, and leaving it. A small pebble, found in a drawer, brings with it an unfolding of questions, and a realization:

The place we call soul fills me with fear
when the infinite appears, even like this.
And when we have just taken, by way of example,
a pebble,
among so many, so many objects,
this tiny pebble.

Thank you Elizabeth Miller, for rewarding [again] those who open themselves to others. Mirta Yáñez, with her memory, her love, her humor and even her irony is a fine gift for all."

—Will Kirkland, Translator of *Gypsy Cante: Deep Song of the Caves*
(City Lights Publishers)

Nos obsequia un regalo que se ha imaginado para sí misma:

La otra ciudad está a muchas leguas
de la mía,
y no me pertenece;
pero sin haberla visto de cerca
podría asegurar que llegaría a amarla mucho
aunque no fuera
más que por los paseos que no podré dar en ella.

Las dulces y sencillas meditaciones que cierran el libro son una maravilla, páginas que uno deja abiertas para volver a leerlas, entrando en el día y saliendo de él. Una pequeñita piedra, encontrada en una gaveta, trae un despliegue de preguntas, y un hallazgo:

¿O todo ha sido un error?
El sitio que llamamos alma se me llena de espanto
cuando irrumpe, incluso así, el infinito.
Y eso que apenas hemos tomado, a modo de ejemplo,
una piedra,
entre tantos y tantos objetos,
esta pequeñita piedra.

Gracias Elizabeth Miller, por haber premiado [de nuevo] a los que se han abierto a los demás. Mirta Yáñez, con su memoria, su amor, su humor y aun su ironía es un buen regalo para todos."

—Will Kirkland, Traductor de *Gypsy Cante: Deep Song of the Caves*
(Editorial City Lights)

the Visits and other poems
LAS VISITAS Y OTROS POEMAS

the Visits and other poems
LAS VISITAS Y OTROS POEMAS

MIRTA YÁÑEZ

translated by

ELIZABETH GAMBLE MILLER

Cubanabooks

Copyright © English translation 2016 Mirta Yáñez, Elizabeth Gamble Miller, Cubanabooks

Copyright © Bilingual edition 2016 Cubanabooks

All rights reserved. Except for brief quotations in critical articles and reviews, no part of this book may be used or reproduced in any manner without written permission from the publisher.

Published in the United States of America by Cubanabooks.

400 W. 1st St., Dept. ILLC, California State University, Chico

Chico, California 95929-0825

Printed in the United States of America

Cover design: Kellen Livingston

Cover art: Marilis Machado

Text design: Kellen Livingston

Cubanabooks logo art: Krista Yamashita

English language editor: Robert Lesman

Spanish language editor: Nancy Alonso

Copyeditor: Jamie McGrath

Editor in Chief: Sara E. Cooper

First Edition

10 9 8 7 6 5 4 3 2 1

Library of Congress Control Number: 2016949224

ISBN: 978-1-944176-11-2

TABLE OF CONTENTS / ÍNDICE

Translator's Foreword/Palabras de la traductora 18/19
Poetry and Being a Poetess by Mirta Yáñez/
La poesía y ser poetisa por Mirta Yáñez 22/23
Original Prologue by Dr. José Antonio Portuondo/
Prólogo original por Dr. José Antonio Portuondo 24/25

ACTO I
The Visits / Las visitas

I

I	34/35
II	34/35
III	34/35
IV	36/37
V	36/37
VI	38/39
VII	38/39

II

I	42/43
II	42/43
III	42/43
IV	44/45
V	44/45
VI	46/47
VII	46/47
VIII	46/47
IX	48/49

III

I	52/53
II	52/53
III	52/53
IV	54/55
V	54/55
VI	56/57
VII	58/59
VIII	58/59
IX	60/61

INTERVALO
A Reminder / Recordatorio

A Reminder/Recordatorio...64/65

ACTO II
Class Notes / Apuntes de clase

A Generational Duty/Quehacer generacional..70/71
Periodicity/Periodización..72/73
Borges/Borges..74/75
First News Report/Primera crónica..76/77
Rhetorically Speaking/Retóricas..78/79
Rubén/Rubén..80/81
Intertextures/Intertextos..82/83
Language Acts/Actos del lenguaje...82/83
The Prophecy of the Ancients/Profecía de los antiguos......................................84/85
Brother Quiroga/Hermano Quiroga..86/87
Biographical References/Referencias biográficas..88/89
A Critique of Taste/Crítica del gusto..90/91
Impressionist Notes/Notas impresionistas...92/93
The Contextual Contours of Sor Juana Inés /

Contextos de Sor Juana Inés **94/95**
A Lecture/Conferencia **96/97**

FINAL
Limitations / Limitaciones

Encounters/Encuentros **102/103**
Losses/Dejaciones **104/105**
Capitals/Capiteles **106/107**
Choices/Elecciones **108/109**
Visions/Visiones **108/109**
Clocks/Relojes **110/111**
Objects/Objetos **112/113**
Obsessions/Obsesiones **114/115**
Omens/Presagios **116/117**
Fires/Fuegos **116/117**
Little Streets/Callecitas **118/119**
Beliefs/Credulidades **120/121**
Ruins/Ruinas **122/123**

Author Bio/Breve biografía de la autora **124/125**
Translator Bio/Breve biografía de la traductora **128/129**
Also available from Cubanabooks/Otros títulos de Cubanabooks **131**
Forthcoming from Cubanabooks/Futuros títulos de Cubanabooks **133**
2016 International Latino Book Awards Winners **134**
Order Cubanabooks Titles **135**

TRANSLATOR'S FOREWORD
Elizabeth Gamble Miller

My desire to translate the writings of Mirta Yáñez has been constant since meeting her at her home in Cojímar in 2001. The National Union of Cuban Writers and Artists (UNEAC) invited me to a conference in Havana. "Metas, problemas, y soluciones creativas al traducir la narrativa contemporánea" was the title of my presentation. It is an honor now to offer my translations of selections from her extraordinary poetry.

My particular love is poetry. My first book translation, *Only the Voice/Sólo la voz* (1980) by Hugo Lindo was the focus of my dissertation (1981). "The Dynamics of the Re-creative Process in Translation: Hugo Lindo's Poetry" investigates how a poetic text may successfully be transferred from Spanish to the new cultural and linguistic environment of English.

True poetry is the most personal of all genres; it expresses experience felt in the heart and soul of the poet. In this edition the chronological presentation of selected poems from prize-winning book publications offers the reader a particularly enjoyable and informative journey with Mirta.

In *The Visits and Other Poems* we have the opportunity to join in her exploration of her emotions and her environment as a precocious student, and then to follow her adventures through maturity. "The Original Prologue" by Dr. José Antonio Portuondo to her first book *Las visitas* delineates her special talents and reveals Dr. Portuondo's perspicacious insight as well. Later books were written after she became a professor. In 2015 Mirta Yáñez received the distinctive honor of membership to the Cuban Academy of Language.

PALABRAS DE LA TRADUCTORA
Elizabeth Gamble Miller

Mi deseo de traducir la obra de Mirta Yáñez ha sido constante desde que la conocí en su casa, en Cojímar, en el 2001. Fui invitada por la Unión Nacional de Escritores y Artistas de Cuba (UNEAC) a un congreso en La Habana. Mi conferencia se titulaba "Metas, problemas, y soluciones creativas al traducir la narrativa contemporánea." Ahora es un honor ofrecer mis traducciones de una selección de su extraordinaria poesía.

Mi amor especial es la poesía. Mi primer libro traducido, *Only the Voice/Sólo la voz* (1980) de Hugo Lindo, fue el centro de mi disertación (1981) sobre el proceso recreativo de traducir poesía del español al nuevo contorno cultural y lingüístico del inglés.

La verdadera poesía es el más personal de todos los géneros literarios; expresa la experiencia sentida en el corazón y el alma del poeta. En esta edición, la presentación de los poemas seleccionados de libros publicados y galardonados, ofrece al lector un recorrido particularmente agradable e informativo con Mirta.

En *Las visitas y otros poemas* tenemos la oportunidad de unirnos a ella en la exploración de sus emociones y su entorno como estudiante precoz, y luego seguir sus aventuras a través de la madurez. El "Prólogo original" del Dr. José Antonio Portuondo a su primer libro *Las visitas* traza su talento especial y también revela el perspicaz aprecio del Dr. Portuondo. Sus libros posteriores fueron escritos después de convertirse en profesora. En el 2015, Mirta Yáñez recibió el especial honor de ser miembro de la Academia Cubana de la Lengua.

The selections from some of her later writings, graced with humor and wisdom, are delightful reading. One poem has the teacher correcting her students, while hiding what she is reading and writing, which does not pertain to their studies. This edition of selected poems from her works is further enhanced by the author's words, "Poetry and Being a Poetess," the result of Mirta Yáñez's gracious acceptance of our request.

This bilingual edition of poetry of Mirta Yáñez is the fruit of many who love her poetry. The translator is grateful for the editors of Cubanabooks, as well as other readers, who gave of their time, energy and expertise, offering valuable comments and suggestions on the manuscript.

Las selecciones de algunos de sus textos más recientes, dotados de humor y sabiduría, son una lectura fascinante. Un poema tiene a la profesora enmendando a los estudiantes, mientras esconde lo que ella está leyendo y escribiendo fuera de la asignatura. Esta edición de poemas seleccionados de sus textos tienes el encanto añadido de las palabras de la autora, "Poesía y ser poetisa," resultado de la amable aceptación de Mirta Yáñez a nuestra solicitud.

Esta edición bilingüe de la poesía de Mirta Yáñez es el fruto de muchos aficionados de sus poemas. La traductora les agradece a los editores de Cubanabooks, además de otros lectores, quienes compartieron su tiempo, energía y conocimiento, ofreciendo valiosos comentarios y sugerencias.

POETRY AND BEING A POETESS
Mirta Yáñez

My remarks reflect my several years at the University of Havana, Cuba, as a professor teaching Poetic Stylistics in the School of Letters. In regard to poetry, I would like to begin by referring to the classic qualities: stylistic elegance, rhythm, rhyme, rhetorical devices like the essential metaphor, the expression of thought through images, the revelation of the world and of the interior self of the poet. Though it is tangential, I will say that I don't see a clear way of defining poetry without recourse to clichés, redundancies, or even worse, absurdities. Nevertheless, I will say that for me poetry or literary artistic expression, in general, embodies a need, a search for transcendence, communication, a revelation of an aesthetic consciousness, and, above all, authenticity.

Also, personally, I would add as necessary attributes: seriousness, culture, a command of language, and something one cannot learn, inexplicable, the *gift*, given by the gods or not. In some way, as a poet one must do as Rimbaud when writing *Un Saison en Enfer* and seat beauty on one's lap: *Un soir j'ai assis la Beauté sur mes genoux.*

In writing poetry, the anecdote is of utmost importance to me, like meandering through my city in *The Visits,* and personal experiences related to literary practice, as in *Class Notes.* These poems depict evolving familial, amorous, intimate relationships with a good dose of humor and irony. I'm interested in linguistic expression, at one time referred to as "colloquial" by criticism, but with cultivated references and refinement of speech.

Being a poet means connecting yourself to the art of poetry.

POESÍA Y SER POETISA
Mirta Yáñez

Como profesora de Métrica Poética en la Universidad de La Habana —que lo fui durante algunos años en la Escuela de Letras— me gustaría empezar por remitirme a los clásicos: elegancia, rima, medida del verso, recursos retóricos como la infaltable metáfora, expresión del pensamiento por imágenes, revelación del mundo y del yo interior. Y sería irme por la tangente, pero no veo una forma clara de definir la poesía sin caer en lugares comunes, reiterados o lo peor, ridículos. Algo debo decir de todas maneras. Para mí la poesía o el arte literario en general es la necesidad y búsqueda de trascendencia, comunicación, revelación de una conciencia estética, pero ante todo autenticidad.

También, de manera más personal, añadiría sobriedad, cultura, dominio de la lengua y algo que es inasible, inexplicable que es el *don,* los dioses lo otorgan o no. De alguna forma habría que hacer como Rimbaud y sentar a la belleza en las rodillas.

En mi ejercicio poético tiene una importancia fundamental la anécdota (como el recorrido por mi ciudad en *Las visitas*), los sucesos personales relacionados con el ejercicio de la literatura (como en *Apuntes de clase*), el devenir íntimo, familiar, amoroso, con una buena dosis de humor e ironía. Me interesa el lenguaje que en cierto momento fue llamado por la crítica como "coloquial," pero con referencias cultas y refinamiento del habla.

Ser poetisa es conectarse con el arte de la poesía.

ORIGINAL PROLOGUE TO *THE VISITS*
Dr. José Antonio Portuondo (Cuba)

When Mirta Yáñez wrote *The Visits,* she was a restless, sensitive student of Hispanic Literature who had just completed a pilgrimage to Old Havana with her fellow students of Art History. The city displayed for everyone its entrails of stone, the persistent Moorish influence, the touches of Baroque grace, the Neoclassic décor, Art Nouveau attempts to please, the arches and stained glass, the narrow streets and moist patios of rundown mansions, palaces degraded into neighborhood housing. It was a collection of samples for everyone, a museum showcase given to a group of students who were learning to observe, and to see with critical eyes, their city.

For Mirta, it was also the discovery of a latent, deep vitality within the stones and glass windows, in the patios and in the streets, stretching from yesterday to tomorrow, anticipating future memories. Her verses speak to an immersion in time that has not stopped moving, being ever-present, even confusing yesterday, today and tomorrow within an interminable now, renewed in every visit. For that reason she can say:

> *The cornerstone of the tower*
> *stubbornly*
> *wedges its place into time*
> *—as if awaiting our arrival,*
> *available for all timelessness.*

In these poems of exceptional maturity, she gives us a profound vision of time, not as a cold philosophical classification, but as a vital reality, within each stone or corner, an anticipation of memories, an evocation of the seen and the yet to be seen, as expressed with succinct beauty in the final poem [of *The Visits*]:

PRÓLOGO ORIGINAL A *LAS VISITAS*
Dr. José Antonio Portuondo (Cuba)

Cuando Mirta Yáñez escribió *Las visitas* era una nerviosa, sensible estudiante de Letras Hispánicas, que acababa de hacer el peregrinaje de la Habana Vieja con sus compañeros de la asignatura de Historia del Arte. La ciudad desnudó para todos sus entrañas de piedra, la constante norma morisca, la breve gracia barroca, la molicie neoclásica, sus coqueteos *art-nouveau*, sus arcos y sus vitrales, sus callejones y sus patios húmedos en las casonas venidas a menos, decaídas de palacio a casa de vecindad. Para todos fue muestrario, vitrina de museo puesta al examen de un grupo de estudiantes que aprendían a mirar, y a ver, con ojos críticos, su ciudad.

Para Mirta fue, además, el hallazgo de una vida profunda, latente entre las piedras y los cristales, en los patios y en las calles, tendida del ayer hasta el mañana, anticipando recuerdos futuros. Sus versos dicen una inmersión en el tiempo que no ha cesado de latir, de estar siempre presente, hasta confundir ayer, hoy y mañana en un ahora interminable, renovado en cada visita. Por eso puede decir:

> *La piedra angular de la torre*
> *es su manera terca*
> *de arrinconarse en el tiempo*
> *—como esperando nuestra llegada,*
> *disponible a toda atemporalidad.*

En estos poemas, de una madurez precoz, se nos da una visión profunda del tiempo, no como fría categoría filosófica, sino como realidad viva, agazapada en cada piedra o rincón, anticipación de recuerdos, evocación de lo visto y lo no llegado a ver, como expresa con sobria belleza el poema final:

> *When with the passing of time*
> *you may be walking down a street anywhere in the world,*
> *don't fail to keep in mind*
> *that those places*
> *we never visited*
> *will still be weighing heavily on me.*

This brief, beautiful and profound book of Mirta Yáñez constitutes a spiritual journey that gives back to the visited city its latent life as life evoked and shared in convivial remembrance. Antonio Machado, who summed up in a single verse the entire meaning of temporal confluence—*Hoy es siempre todavía (Today is still always)*—would have joyously received this fresh handful of poems in which time is given to us, not as a concept but as an experience, as a vital participant in its flow and resonance in a sensitive personal diapason, capable of responding harmoniously to the signals that flow from all corners of a lively city visited by a refined, vibrant poetic temperament.

Cuando el tiempo se ponga
de por medio
y camines por una calle cualquiera del mundo,
no dejes de pensar que todavía me estarán pesando
aquellos lugares
que nunca visitamos.

Este libro breve, bello y profundo de Mirta Yáñez constituye un itinerario espiritual que devuelve a la ciudad visitada su vida, latente, como vida evocada y compartida en el recuerdo, convivida. Antonio Machado, que resumió en un solo verso todo el sentido de la fluencia temporal —*Hoy es siempre todavía*—, hubiera acogido jubilosamente este fresco manojo de poemas en los que el tiempo se nos da, no como concepto sino como vivencia, como participación vital en su fluir y resonar en un sensible diapasón personal, capaz de responder armónicamente a las señales que emanan de todos los rincones de una ciudad viva, visitada por un fino y vibrante temperamento poético.

When the world is reduced to a single dark wood for our four astonished eyes, to a beach for two faithful children, to a musical house for our clear sympathy, I will find you.

> Arthur Rimbaud
> "Sentences"
> *Illuminations: XII*

Cuando el mundo quede reducido a un solo bosque negro para nuestros cuatro ojos asombrados, a una playa para dos niños fieles, a una casa musical para nuestra clara simpatía, te encontraré.

> Arthur Rimbaud
> "Frases"
> *Iluminaciones: XII*

ACTO I
The Visits / Las visitas

I

I

We were going upstairs that first time
unperturbed
by the neighbors watching us amazed
at our audacity,
or by the black slaves,
who with a smile let us go by.
The odors from ancient stables
and smoke
clouded over those who didn't dare
to follow us on our way up.
And while the wood, the house,
and the entire 17th century
were crumbling under the weight of our feet,
I believed you were teaching me
not to be afraid.

II

The cornerstone of the tower
stubbornly
wedges its place into time
—as if awaiting our arrival,
available to all timelessness.

III

It was the morning we went scampering about on the *malecón*,
leaving the dutiful visits
to the more prudent,
and you were telling me strange stories,
"I assure you that in those moments
you didn't look very much
like the photo that I had kept until then
among other secret papers."

I

La primera vez subíamos por las escaleras
sin ocuparnos
de los vecinos que nos miraban asombrados
por nuestra osadía,
ni de los esclavos negros
que nos dejaban pasar con una sonrisa.
El olor de las antiguas caballerizas
y el humo,
se confundía con aquellos que habían temido
seguirnos en nuestra subida.
Y mientras la madera, la casa
y todo el siglo XVII
se derrumbaba con el peso de nuestras piernas,
pensé que me estabas enseñando
a perder el miedo.

II

La piedra angular de la torre
es su manera terca
de arrinconarse en el tiempo
—como esperando nuestra llegada,
disponible a toda atemporalidad.

III

Fue la mañana que correteábamos por el malecón,
dejando para los más prudentes
las visitas de compromiso,
y me contabas historias inesperadas
—te aseguro que en esos momentos
no te parecías mucho
a la foto que hasta ahora había guardado
entre otros papeles secretos—.

And though you were talking about your ancestors,
I was so breathless from skipping up and down
the streets so fast,
I could only
gaze at the blue abyss of the sea
above our heads.

IV

At first the empty manor house made us afraid,
its grand mirrors,
its furniture covered with white cloths.
(I might have imagined for you
this memorable sign:
Come through the fence, change centuries,
accept another world
too ancient for rational visitors
—children and dogs
may enter—.)
And though the mansion defended itself as best
it could, we discovered,
with rather vain satisfaction,
that we had begun to share its secret.

V

We were not among the invited wedding guests.
That must account for
our pacing back and forth
not deciding to go in,
nor to leave;
and if all we could do
was join curiosity seekers
waiting at the door of the little church,
who can deny me when I say

Y aunque hablabas de tus antepasados,
jadeando por lo aprisa que saltábamos
las calles,
yo no podía hacer otra cosa
que mirar el abismo azul del mar
por encima de nuestras cabezas.

IV

Al principio nos asustó la casona vacía
con sus grandes espejos
y los muebles cubiertos de telas blancas.
(Hubiera podido inventarte el letrero
de memoria:
Pasen la reja, cámbiense de siglo,
acepten otro mundo
demasiado antiguo para los visitantes razonables
—se permiten niños
y perros—.)
Y aunque la casona se defendió todo cuanto pudo,
supimos,
con cierta satisfacción profana,
que habíamos empezado a compartir su secreto.

V

No formábamos parte de los invitados a la boda.
Sería por esa causa
que caminábamos de un lado a otro,
sin decidirnos a entrar
ni a marcharnos;
y si lo único que pudimos hacer
fue unirnos a los curiosos
que esperaban en la puerta de la iglesita,
quién podrá negarme

that Rimbaud
was walking with us that afternoon.

VI

The old lady ignored our smiles,
threatening in their occasional
acute perception,
in their devout delivery of catastrophes,
and words with no intermediate destination;
so it might be possible to continue exploring
her absurd ancestry,
easily destroyed by a simple glance.

VII

Don't be deceived by appearances:
the patios of the convents
—those flower-filled, disquieting jails—
may lend themselves to dirty tricks of the worst kind.
The best advice
is to keep four eyes open
and hone your skills in using good manners.

que Rimbaud
caminaba con nosotros aquella tarde.

VI

La vieja pasó por alto nuestras sonrisas,
zozobrantes en su clarividencia
ocasional,
en su devota entrega de catástrofes
y palabras sin destino intermedio;
para que fuese posible continuar explorando
sobre ese parentesco absurdo,
casi destruible a simple vista.

VII

No se dejen engañar por las apariencias:
los patios de los conventos
—esas jaulas floridas e inquietantes—
pueden prestarse a jugarretas de la peor especie.
Lo más aconsejable
es andar con cuatro ojos
y adiestrarse en el empleo de las buenas maneras.

I

For a very brief time
I attained sufficient immunity
to frequent the least known places
in the city.
(I'm referring to those places
where in plain daylight
pirates may be seen calmly walking
through the neighborhood and stealing
stained glass windows from the oldest houses.)
I'm talking about those days
when stairs were painted
all the colors in the world.
Now it is laughable, unbelievable,
that at that time
I was really forbidden
to walk with my head down
and my hands in my pockets.

II

All those hours traveling
to visit an abandoned house
out in the country,
which doesn't even possess
an acceptable number of ghosts.
A house that, besides other things
of no importance,
managed to end
my vacation time.

III

For those who don't know about these things
I can tell you

I

Por un tiempo muy corto
había alcanzado la inmunidad suficiente
para frecuentar los lugares más desconocidos
de la ciudad.
(Me refiero a esos lugares
en que a la misma luz del día
pueden verse piratas caminando tranquilamente
por el barrio
y robarse los vitrales de las casas más viejas.)
Estoy hablando de aquellos días
en que las escaleras estaban pintadas
con todos los colores del mundo.
Ahora es como para reírse, y no creerlo,
que en ese tiempo
estuviera realmente prohibido
andar con la cabeza baja
y las manos en los bolsillos.

II

Todas esas horas de viaje
para visitar una casa abandonada
en medio del campo,
que no posee siquiera
un número aceptable de fantasmas.
Una casa que, aparte de otras cosas
sin importancia,
sirvió para terminar
con mi temporada de vacaciones.

III

A los que no saben de estas cosas
puedo contarles

that fear
lives on a particular street in Vedado
—you can see it yourself at any hour
of the night,
behind some metal gratings—.
But don't bother looking for
its exact address;
my understanding is
it only receives us.

IV

The elderly
owners of the house
—absolute guardians of the daughter
and the son—
never recognized how opportune was their departure;
how in their absence
the dark inhabitants
(those conjured by prayers,
those most feared from infancy,
those bearers of misfortunes),
occupied one of the rooms
and filled it with lamentations
and celebrations.

V

I don't know how I happened to believe
that on Sundays
in August,
anyone at all might die,
just entering, suddenly,
the Plaza of the Cathedral.

que el miedo
vive en una calle especial por El Vedado
—puede vérsele a cualquier hora
de la noche,
detrás de unas rejas—.
Pero no se molesten por conocer
su dirección completa;
tengo entendido que solamente
nos recibe a nosotros.

IV
Los viejos
dueños de la casa
—guardianes absolutos de la hija
y del hijo—
desconocieron siempre lo oportuno de su partida;
de cómo en su ausencia
los oscuros habitantes
(los conjurados con rezos,
los más temidos desde la infancia,
los cargados de injurias),
poblaron una de las habitaciones
y la llenaron de lamentos
y festejos.

V
No sé cómo se me ocurrió
que los domingos
en agosto,
cualquiera puede morir
por entrar, de repente,
en la Plaza de la Catedral.

VI

I make the discovery in the patio
— in the background of the iron gratings,
in their recent wickedness—,
beneath their arches that impede escape
and hold fast
this inconclusive atmosphere of nightmare.
In this patio
I find you again in summer;
and looming in the small square,
the arches.

VII

Reina Street is too long
for impatience to be an option
—it's obvious
that at the other end of the line
there is someone waiting—
and the only role remaining
is one of courtesy.
All of these things can be learned
in addition to art nouveau
as you walk along
fighting against time,
painfully.

VIII

The circus came to be a part of their lives
and the children
began to breathe in
the pungent odor of the elephants
and the fear of the trapeze artists;
Sunday afternoons

VI

Cometo el hallazgo en el patio
—en el trasfondo de los herrajes,
en su reciente malevolencia—,
bajo sus arcos que impiden la huida
y sujetan
esta atmósfera inconclusa de pesadilla.
En este patio
te reencuentro al verano;
y asomados a la plazoleta,
los arcos.

VII

Reina es una calle demasiado larga
cuando la impaciencia no es para uno
—ya se sabe
que al otro lado del hilo
hay alguien que está esperando—
y el único papel sobrante
es el de la cortesía.
Se pueden aprender todas esas cosas
además del art nouveau,
mientras se camina
luchando contra el tiempo,
dolorosamente.

VIII

El circo entró a formar parte de sus vidas
y los niños
empezaron a respirar
el olor agudo de los elefantes
y el miedo de los trapecistas;
las tardes de domingo

they put on their finest rags
to do honor to the hungry artists
who were swinging way up high
or cracking their whips inside the cages.
Until the circus escaped through an alley
leaving a wake
of wild animals,
clever clowns,
colored tents that floated in the wind,
and made you believe in the existence
of that toy world.

IX
I wasn't joyful, or happy,
or particularly optimistic,
but it was so nice
to think
we had a whole city
to ourselves alone.

vestían sus mejores trapos
para halagar a los artistas hambrientos
que se columpiaban allá en lo alto
o hacían restallar su látigo dentro de las jaulas.
Hasta que el circo se escapó por un callejón
dejando una estela
de animales salvajes,
payasos amaestrados,
tiendas de colores que flotaban al viento,
y hacían creer en la existencia
de aquel mundo de juguete.

IX

No era alegre, ni feliz,
ni particularmente optimista,
pero era muy lindo
pensar
que teníamos una ciudad entera
para nosotros solos.

III

I

The demolition opened up
a dangerous, rugged terrain,
and ambushes were not long in coming;
much later
those days would be remembered
as the flypaper period.

II

The hotel will remain forgotten by everyone.
Its demolition,
planned by the competent officialdom,
will preclude new accomplices
to its antiquity
(I wonder to whom it will now relate
its stories
and its delusions of grandeur).
Whereas for us it will still be
the face of adventure,
the winding stairs,
and the stained glass window,
which confirms every morning
that not everything has been a dream.

III

There is a city many leagues from mine
that doesn't belong to me;
I know of it from hearsay,
by looking at the map in my free time,
imagining it for myself with bridges and ships
that come in and go out,
and real mountains,
and places to hide like elsewhere.

I

La demolición abrió paso
a vericuetos peligrosos
y las emboscadas no se hicieron esperar;
mucho después
aquellos días serían recordados
como los tiempos del papel de moscas.

II

El hotel permanecerá olvidado para todos.
Su derrumbe,
previsto por la oficialidad competente,
impedirá nuevos cómplices
a su ancianidad
(me pregunto a quién le contará ahora
sus historias
y sus delirios de grandeza).
Pero para nosotros quedará todavía
el gesto de aventura,
las escaleras retorcidas,
y el vitral
que asegura cada mañana
que no todo ha sido un sueño.

III

Hay una ciudad a muchas leguas de la mía
que no me pertenece;
la conozco de oídas,
de mirar el mapa en los ratos libres,
de imaginarme que tiene puentes, barcos
que entran y salen,
montañas de verdad
y lugares para esconderse como en todas partes.

My city and the other one
have no reason to be envious of each other,
they know each other through poems in different languages
and thanks to the traveler
who doesn't weary of going from one to the other.
The other city is far away
from mine,
and doesn't belong to me;
but even without seeing it up close,
I can guarantee that I would come to love it a lot
even if only
for the walks I won't be able to take in it.

IV

May the balcony stay lost
in time
with its neighborly guardian grating,
so those strolling by won't recognize
its life as a sewer grate
and ancient song.

V

Near the city
—so near one doesn't know for certain
if it belongs to it
or not—
is the fairground.
It is a long, narrow strip
like a ribbon of concrete
and the only place where one can be saved
or ruined forever
in a question of seconds
—Russian roulette is one

Mi ciudad y la otra
no tienen nada que envidiarse,
se conocen a través de poemas escritos en varios idiomas
y gracias al viajero
que no se cansa en ir de una a la otra.
La otra ciudad está a muchas leguas
de la mía,
y no me pertenece;
pero sin haberla visto de cerca
podría asegurar que llegaría a amarla mucho
aunque no fuera
más que por los paseos que no podré dar en ella.

IV

Que el balcón quede detenido
en su edad
de guardavecino apacible,
para que los paseantes desconozcan
su vida de pozo
y canción antigua.

V

Cerca de la ciudad
—tan cerca que no se sabe a ciencia cierta
si pertenece a ella
o no—
está la feria.
Se extiende larga y precisa
como un cinturón de concreto
y es el único lugar donde uno se puede salvar
o arruinarse para siempre
en cuestión de segundos
—la ruleta rusa es uno

of its principal amusements—.
At high noon
the fair is called many names,
but once in night's clutches
it is only
the orgy of the humble
(or the homeless).
And despite our never having gone there together,
even so
the fairground
is still a long, narrow strip,
precisely where terra firma begins.

VI

In summer the perfect day will come
to organize a pilgrimage.
I'll make all my friends
from childhood come,
and my zoo of private consumption;
I'll make them travel from all over the world
and they'll bring with them
many things to talk about along the way.
People will look at us in amazement,
they will think we are crazy
or that we have nothing to do.
We'll walk hand in hand
and not worry about
their watching us from the windows,
and no one will dream of calling me to account
for things I have done
or failed to do.
Finally, when we have reached the border
of the marvelous city

de sus principales entretenimientos—.
Con el sol a plomo
la feria recibe nombres muy variados,
pero si le agarra la noche
entonces es solamente
la orgía de los humildes
(o de los que no tienen hogar).
Y a pesar de que nunca hemos ido juntos,
no por eso
deja de estar larga y precisa,
la feria,
donde exactamente comienza la tierra firme.

VI

En verano será el día perfecto
para organizar un peregrinaje.
Haré venir a todos los compañeros
de mi niñez,
a mi zoológico de consumo privado;
los haré viajar desde todas partes del mundo
y traerán consigo
muchas cosas de que hablar por el camino.
La gente nos verá pasar con asombro,
pensarán que estamos locos
o que no tenemos nada por hacer.
Caminaremos de la mano
sin preocuparnos
que nos miren desde las ventanas,
y a nadie se le ocurrirá pedirme cuentas
por las cosas que he hecho
o dejado de hacer.
Al final, cuando hayamos llegado al borde
de la ciudad maravillosa

—where you see the ruins nearby
and things are not so gay—
I won't be able to take them with me;
I'll ask them to go back
and leave me to continue alone.

VII

The streetcar's surprise,
an unexpected participant in memory,
as it travels through narrow streets
that jealously conceal
histories
of romance,
in this meticulous antiquarian's shop
where Bola[1]
tempers every word
lets them fall in torrents
and says he will forget you,
and swears it to you.

VIII

Afterward
there will be so many places
I won't be able to find you anywhere;
and I'll play hide-and-seek by myself
all around the empty houses we visited.
(I'll laugh real loud
so nobody will know
how much that commemorative walk
will be hurting me all the way.)
Because, understand this,

---

[1] Bola de Nieve—a Cuban singer and composer.

—donde muy cerca se ven las ruinas
y las cosas ya no son tan alegres—
no podré llevarles conmigo;
les pediré que regresen
y me dejen continuar sola.

VII

Asombro del tranvía,
participante inesperado en la memoria,
mientras atraviesa callejones
que esconden celosamente
historias
de buen amor,
en este salón de anticuario cuidadoso
donde Bola[2]
entibia cada palabra,
las deja caer como golpes de lluvia
y dice que te olvidará,
que te lo jura.

VIII

Después
habrá tantos lugares
que no podré encontrarte por ninguna parte;
y jugaré sola al escondite
entre todas las casas vacías que visitamos.
(Me reiré muy alto
para que nadie se dé cuenta
cómo me estará doliendo
todo ese paseo conmemorativo.)
Porque, compréndelo,

---

[2] Bola de Nieve—cantante y compositor cubano.

it will be pretty hard to pull
the streets, the sea, the parks, out of their places
and take them with me,
like we did with the iron doorknocker
from our house.

IX

When with the passing of time
you may be walking down a street
anywhere in the world,
don't fail to keep in mind
that those places
we never visited
will still be weighing heavily on me.

me será un poco difícil arrancar de su lugar
las calles, el mar, los parques,
y llevarlos conmigo,
igual que hicimos con la argollita de hierro
de nuestra casa.

IX
Cuando el tiempo se ponga
de por medio
y camines por una calle cualquiera del mundo,
no dejes de pensar
que todavía me estarán pesando
aquellos lugares
que nunca visitamos.

INTERVALO
A Reminder / Recordatorio

A REMINDER

Bear in mind
always
that posterity has been created
so the future students
—frivolous, transient scavengers—
may take advantage
of the raw flesh
left behind by poor poets
in their letters,
in their miserable sheets,
in their glances hanging from a tree.
But bear in mind
—also—
that poets dream
of a long permanence
and to that end they construct cathedrals
and poems.

RECORDATORIO

Ten presente
siempre
que la posteridad se ha hecho
para que futuros estudiantes
—husmeadores frívolos y pasajeros—
se aprovechen
de la carne viva
que han dejado los pobres poetas
en sus cartas,
en sus sábanas miserables,
en sus miradas suspendidas de un árbol.
Pero ten presente
—también—
que los poetas sueñan
con la larga permanencia
y para eso construyen las catedrales
y los poemas.

ACTO II
Class Notes / Apuntes de clase

Stay with me today.
Live with me a day and a night
And I will show you the origin of all poems.

> Walt Whitman
> "Poem I"
> *Song of Myself*

Quédate hoy conmigo.
Vive conmigo un día y una noche
y te mostraré el origen de todos los poemas.

> Walt Whitman
> "Poema I"
> *Canto a mí mismo*

A GENERATIONAL DUTY

Those nostalgic poets of the past,
they never saw the snow,
but silent hints of snowflakes
surreptitiously sprinkled their verses;
they mistrusted the oceans
always,
their brutal distances with no scream but that of the wind,
although they often sniffed the scent of sandalwood,
and, like children, they played
with the chinoiserie;
moreover,
they knew how bohemian stomachs ached
from the loneliness
that resembled a chilling smudge on the horizon,
and freedom, for them, was but a way
to break the meter of their stanzas,
so authentic and reckless, like the course of their times.
Oh, my young poet of tomorrow,
receive sun from the tropics upon the poem
like a broadside from savage blowguns;
use ferocious words
to denounce your times;
do whatever you must to sew within the secret seam
of letters
the shifting pain of the universe
and the laws of the tenderness that is always flowing
always flowing.

QUEHACER GENERACIONAL

Aquellos, los nostálgicos poetas del pasado,
nunca vieron la nieve,
pero el pálpito silencioso de los copos
cayó escrupulosamente sobre sus versos;
siempre desconfiaron
de los océanos,
de las atroces distancias sin más grito que el viento,
aunque a menudo olfatearon el sándalo
y jugaron, como niños,
con las chinerías;
es más,
supieron del estrago en los estómagos bohemios,
de la soledad
que se asemejaba a una helada mancha en el horizonte
y a la libertad sólo la conocieron
para romper la métrica de sus estrofas,
auténticas y desatinadas como los tiempos que corrieron.
Ah, mi joven poeta del mañana,
recibe sobre el poema el sol del trópico
como una andanada de salvajes cerbatanas;
emplea palabras feroces
para denunciar tu época;
dispón de lo necesario para registrar en la secreta costura
de la letra
el cambiante dolor del universo
y las leyes de la ternura que siempre fluye,
siempre fluye.

PERIODICITY

Where the history of our ancestors begins
leave engraved, upon the walls
bleached with lime,
this sentence:
My heart was once a bird aflame.

When the time
of the conquest comes,
sketch on the back cover
three mute dogs that startle
a steed harnessed for war.

With the beginning of Neoclassicism
the moment will have come
to conscientiously break open the statues
and discover
what they have inside.

Now Romanticism is something else:
put a flower with delicate petals
inside all
of the books in the library.

Let Modernism slide by,
but write a tribute to the clouds,
to the waves,
to the wisps of the afternoon breeze.

And when our century comes,
our hard, implacable,
beautiful century,

PERIODIZACIÓN

Donde empieza la historia de los antepasados
dejad grabada, sobre los muros
blanqueados de cal,
esta frase:
Mi corazón fue alguna vez un pájaro ardiendo.

Cuando arribe el tiempo
de la conquista,
dibujad en la contraportada
tres perros mudos que espantan
a un corcel enjaezado con avíos de guerra.

Con la apertura del movimiento neoclásico
habrá llegado el momento
de romper concienzudamente las estatuas
y averiguar
qué tienen dentro.

El romanticismo ya es otra cosa:
meted una flor de pétalos quebradizos
dentro
de todos los libros de la biblioteca.

Dejad transitar al modernismo,
pero ponedle una inscripción a las nubes,
a las olas,
a las ráfagas del viento de la tarde.

Y cuando llegue nuestro siglo,
nuestro duro, implacable,
hermoso siglo,

forget all the previous teachings,
and spread upon the moistened grass the blank page;
let it be the others,
the newcomers,
who give it a name.

BORGES

He wasn't a warrior,
nor a mirror,
nor a tiger,
nor a labyrinth.
But he has, always, been an elder
silvered by time,
a master of taming savage words.

olvidad todas las enseñanzas anteriores,
extended sobre la hierba húmeda la página en blanco,
permitid que sean los otros,
los venideros,
los que le pongan nombre.

BORGES

No fue guerrero,
ni espejo,
ni tigre,
ni laberinto.
Desde siempre ha sido un anciano
empañado por el tiempo,
domador de palabras salvajes.

FIRST NEWS REPORT

Great patience needed to watch for bits of driftwood
eaten away by saltpeter; how to get beyond stomachs
cramped up
by rancid sea biscuits;
what happened to the illiterate wine,
fermented grapes from the family outcropping;
cursed iodine
that hides the paralytic pestilence of the nocturnal birds,
accompanying the masts in last throes, dying
on the horizon,
there one rises at dawn in the shade of the rigging.
"Where in the hell is the world?"
curses the Obstinate
Swindler of Species in his diary,
as the smooth oceans fill him with sadness;
still he's not sure
under what ceremonies
of pustules or sargassos
he has dared to give himself a title with capital letters.
The Admiral
stands hardened against the main mast,
the edge of the earth
is a sheet of corroded gold,
he waits and dreams of confrontations, of drawing daggers,
alone behind the shield of his majesty,
he undertakes his memoires
hastened by the clicking hooves of the mounts;
the moldy horseshoes forged in Castilla la Vieja
will soon trample the faces
of naked men
who wait impatiently on the shore.

PRIMERA CRÓNICA

Grande paciencia en avizorar las maderitas
dañadas por el salitre; cómo remontar los estómagos
envarados a filo
de galleta rancia;
dónde quedó el vino analfabeto
curtido en las uvas familiares del peñón del padre;
maldito yodo
que oculta la ciega pestilencia de las aves nocturnas,
la compañía de los mástiles agonizando
en el horizonte,
allí se madruga a la sombra de los cordelajes.
¿Dónde carajo queda el mundo?,
blasfema en su diario el Obstinado
Embaucador de las Especies,
los océanos planos lo llenan de tristeza;
todavía no sabe a ciencia cierta
bajo qué ceremonias
de pústulas o sargazos
se atreve ya a titularse con las letras mayúsculas.
El Almirante
yace endurecido junto al palo mayor,
el borde de la tierra
es una lámina de oro corrompido,
él aguarda y sueña con liendres y cuchilladas,
solitario tras la rodela de su majestad,
emprende su memorial
apurado por el taconeo de las cabalgaduras;
los cascos herrados en Castilla la Vieja
pronto asentarán el moho sobre los rostros
de los hombres desnudos
que esperan impacientes en la orilla.

The Globetrotter scratches the parchment with the final period
for his first news report,
keeps the rough draft in the knapsack with his tools,
beside a lackluster bead necklace,
ready for barter.

RHETORICALLY SPEAKING

I always sat
in that same corner of the library.
Years past, if some professor interrupted me,
I would furtively hide
the verses I was writing then,
while pretending to be reading the assigned text.
I still sit in that same place.
Today when a student comes in
I furtively hide
these verses,
while pretending to peruse the text
I assigned them to read.

El Trotamundos rasga el pergamino con el punto final
de su primera crónica,
guarda el borrador en el morral de los trebejos
junto a una cuenta de vidrio insulsa,
lista para el trueque.

RETÓRICAS

Siempre me he sentado
en ese mismo rincón de la biblioteca.
Antaño, si irrumpía algún profesor,
escondía con disimulo
los versos que entonces escribía,
mientras aparentaba leer el texto obligatorio.
Todavía hoy me siento en este mismo sitio.
Cuando entra algún alumno,
escondo con disimulo
estos versos,
mientras aparento repasar el texto
que les he obligado a leer.

RUBÉN

Students,
I offer you this bust:
it belongs to one who wanted beauty for himself, as few others have.
Come closer to his embittered breath,
oozing the pus of sleepless nights, the being ripped wide open,
the wisdom
of the final hour,
how he came to understand unequivocally
that the scepter was not in harmony with so much wretchedness.
Accept then, students, his idiosyncrasies,
mischievous tricks,
gold-plated dithyrambs,
because his visions were also dried and salted
by the transparency of profound wrongs.
Observe this bust polished by the century:
although regretfully, it shows the dark circles under his eyes,
and displays for frightened posterity
nostalgia's famished expressions.
But this late in the game, what does it matter.
He got his way, he has beauty
brazenly sitting on his lap,
while the multitude of tomorrow parades him on their shoulders
and the fermentations of his land
have begun to color the marble.
Students, it's as if he were coming back to life.

RUBÉN

Alumnos,
les ofrezco este busto:
corresponde a quien quiso para sí la belleza como pocos.
Acérquense a su aliento amargo,
supurando las trasnochadas, el desgarrón a mansalva,
la sabiduría
de la última hora,
pero cómo llegó a entender de buena tinta
que el cetro no armonizaba con tanta miseria.
Acepten, pues, alumnos, sus artimañas,
las trastadas,
los ditirambos enchapados en oro,
porque también sus mirajes fueron tasajeados
por la transparencia de los males profundos.
Observen este busto pulido por el siglo:
aunque le pese expone sus ojeras,
exhibe para la espantada posteridad
los visajes famélicos de la nostalgia.
Pero a estas alturas ya qué importa.
Se salió con la suya, tiene la belleza
desfachatadamente sobre sus rodillas,
mientras la multitud del mañana lo pasea en vilo
y los fermentos de su tierra
han empezado a colorear el mármol.
Tal pareciera, alumnos, que cobrara la vida.

INTERTEXTURES

A *cronopio* meows on Boedo Street.
La Maga translates into Argentine street slang
The Narrative of Arthur Gordon Pym.
A boxer plays hopscotch
at a café on Saint-Michel Boulevard.
Morelli drives a station wagon
along the Paris-Marseille Highway.
The *clocharde* crosses the abyss on a narrow plank.
Lucas plays a piece of jazz
in a bar in Havana.
Berthe Trépat disappears in Buenos Aires.
A cat named Lezama drags along his double r's.
Julio is finally given as a birthday present to his watch.

LANGUAGE ACTS

This volume, faded brown from use,
omits the moist jacaranda in whose shade
the warrior
edited the drafts of his proclamation;
it doesn't mention
the battered candle beneath the celestial sky
that barely anointed
the writing in his campaign diary;
no, this brown volume doesn't take note
of that dreary guard room,
where he propped himself up to write his last letter.

INTERTEXTOS

Un cronopio maulla en la calle Boedo.
La Maga traduce al lunfardo
Las aventuras de Arthur Gordon Pym.
Un boxeador juega a la rayuela
en un café del bulevar Saint-Michel.
Morelli conduce una camioneta
por la autopista Paris-Marseille.
La *clocharde* cruza el abismo sobre un estrecho tablón.
Lucas toca una pieza de jazz
en un bar de la Habana.
Berthe Trépat desaparece en Buenos Aires.
Un gato llamado Lezama arrastra las erres.
Julio es finalmente regalado al cumpleaños de su reloj.

ACTOS DEL LENGUAJE

Este volumen pardo desgastado por el uso,
no recoge el jacarandá húmedo a cuya sombra,
el guerrero,
redactó los borradores de su proclama;
no menciona
la hirsuta vela bajo la bóveda celeste
que, a duras penas,
ungía la letra de su diario de campaña;
no, este volumen pardo no toma nota
de aquel zaguán dormido
donde se recostó para escribir su última carta.

THE PROPHECY OF THE ANCIENTS

Old wisdom
foresaw almost everything:
memories buried in the cornerstone of bell towers;
the history that continues
in the growth
of the dauntless asphalt;
beneath the fifth sun, the city loses heart,
water doesn't punish it,
nor the beast,
nor the fury of the wind,
not even the fire burning
in the sacred plumage of the twilight;
but the collapse
of its entrails
trapped in the warm,
eternal hills;
the smoke of centuries takes control of its roadways,
fugitives in bygone days in the fierce ceremony;
its irons thunder,
and today only the pupils of granite remain,
impotent,
while the prophecy of the ancients
comes to pass.
The bloodcurdling chill demolishes
the monstrous cupolas;
I haven't seen their ruins,
but I've seen the void,
perhaps more frightening.

PROFECÍA DE LOS ANTIGUOS

La vieja sabiduría
lo previó casi todo:
la memoria de la piedra enterrada en los campanarios;
la historia que prosigue
en la crecida del asfalto
impávido;
la ciudad desfallece bajo el quinto sol,
no la castiga el agua,
tampoco la bestia,
ni la furia del viento,
ni tan siquiera el fuego ardiendo
en el plumaje sagrado del crepúsculo;
sino el socavón
de sus entrañas
atrapadas en las tibias colinas,
eternas;
el humo de siglos se apodera de sus calzadas,
fugitivas antaño en la ceremonia atroz;
truenan los hierros
y hoy apenas restan las pupilas de granito,
impotentes,
mientras se cumple
la profecía de los antiguos.
El escalofrío abate
las cúpulas monstruosas,
no he visto sus ruinas,
mas sí el vacío,
quizás más espantable.

BROTHER QUIROGA

Never again the cloying perfume of tradition,
the renegade poet told himself,
out with everything, cost what it may.
Out the consolation of certainties,
the bed for two,
the successive generations
following a diaphanous regularity;
never again the refuge of tolerance,
city corruption's leftovers,
the violent poet, the assassin,
the presumptuous daredevil told himself,
as he picked at his hungers.
Out, out, all the insults
(such as presuming to be a favorite of the spurious gods,
he, himself, almost to the point of turning into a puny little god);
no, and a thousand times no,
the heretical poet said to himself,
no to the city, no to the cliques,
no to the most excellent manners,
no to the beauty honored by the majority,
he told himself once and for all,
the irreverent poet, the celibate,
immersed headfirst into his reclusive destiny,
into the savage breeze
of the ancestral jungle,
in the ulcerous freedom of the solitary animal
who defends his meager gifts.

HERMANO QUIROGA

Nunca más el perfume excesivo de la costumbre,
se dijo el poeta renegado,
fuera con todo, cueste lo que cueste.
Fuera el consuelo de las certidumbres,
el lecho para dos,
las sucesivas generaciones
siguiendo una diáfana regularidad;
nunca más los refugios de la tolerancia
como sobras de la ciudad corrupta,
se dijo, hurgando en sus hambres, el poeta violento, el asesino,
el presunto suicida.
Fuera, fuera todas las afrentas
(como aquella de sentirse un mimado de los espurios dioses,
él mismo casi a punto de convertirse en un endeble diosecillo);
no, y mil veces no,
se dijo el poeta herético,
no a la urbe, no al corrillo,
no a las buenísimas maneras,
no a la belleza acatada por la mayoría
se dijo de una vez y por todas
el poeta irreverente, el célibe,
hundido de cabeza en su huraño destino,
en la brisa salvaje
de la selva ancestral,
en la ulcerante libertad del animal solitario
que defiende sus escasos dones.

BIOGRAPHICAL REFERENCES

César, facing impending death on Isla Negra,
collected figureheads from foredecks
and pebbles from the sea that were later scattered;
he loved many women and perhaps felt loved in return;
he lived in glory
and in the end was disgraced.
Pablo died in exile
and his humerus bones
reflect his insomnia in a neglected section
of the Montparnasse Cemetery,
the widow continued blindly fighting misery.
(Or perhaps it could have been
just the reverse?)

REFERENCIAS BIOGRÁFICAS

César agonizó en Isla Negra,
coleccionó mascarones de proa y piedras marinas
que después fueron arrasados,
amó a muchas mujeres y tal vez se sintió correspondido,
vivió la gloria
y al final fue desgraciado.
Pablo murió en el destierro
y sus huesos húmeros
acusan su desvelo en una zona descuidada
del cementerio de Montparnasse,
la viuda siguió dando golpes de ciego a la miseria.
(¿O quizás pudo haber sido
todo al revés?)

A CRITIQUE OF TASTE

Poets don't flee from the high surf
when it bites with rage in the West
nor the unseen hand
upon the dark shoulder of the night;
they do feel, however, distrust of open bridges,
implacably warm and tempting,
sprinkled over the silence of their sources.
Poets don't lose their courage facing pandemonium,
a fierce bolt of lightning on a horizon without showers;
they tend to turn pale
facing the secret call, the blind word nourished
and fluttering
like a scorpion's eye beneath the grass.
Poets don't hesitate before the shadowy half-light
of old age
and its lash;
although they recoil in fright before the child
that they once were.
So, they don't fear loneliness,
but they do fear being forgotten,
and poets never think of death,
but they are frightened by love
as if facing a sudden cloudburst.

CRÍTICA DEL GUSTO

Los poetas no rehúyen el oleaje
cuando muerde con rabia en el poniente
ni a la mano que no se ve
sobre la espalda oscura de la noche;
sienten, sin embargo, desconfianza hacia los puentes claros,
implacablemente cálidos y tentadores,
salpicados sobre el silencio de sus cauces.
Los poetas no pierden el valor ante el estruendo,
relámpago despejado en un horizonte sin nubadas;
y tienden a palidecer
frente a la llamada oculta, la palabra ciega que se espabila
y aletea
como ojo de alacrán bajo la hierba.
Los poetas no vacilan ante la penumbra
de la vejez
y su zarpazo;
aunque retrocedan con espanto ante ese niño
que fueron alguna vez.
Así, no temen a la soledad,
pero sí al olvido,
y en la muerte no piensan nunca los poetas,
mas se asustan del amor
como ante una bandada de nubes repentina.

IMPRESSIONIST NOTES

No one chooses his destiny, except partially,
but one road annuls another,
and he was foreordained,
a visionary, an emigrant, everything bad.
Not afraid of testing the ambiguities of wine,
nor the arduous touch of virtue,
he had lascivious loves;
he composed nonsensical verses
and defied authority.
He lost his life very young and tragically,
like a real tabloid hero, out of date,
and nothing, not even routine,
smoothed over his rebellious ways.
The opposite of watchfulness is not repose,
but the pendulum singed by the fire of anxiety.

NOTAS IMPRESIONISTAS

Nadie escoge su destino, solo en parte,
pero un camino anula al otro,
y él fue proscrito,
visionario, emigrante, todo lo peor.
No temió probar las ambigüedades del vino,
ni el arduo roce de la virtud;
tuvo amores funestos,
compuso versos arrebatados
y desafió a la autoridad.
Perdió la vida muy joven y trágicamente,
como un propio héroe de folletín pasado de moda,
y nada, ni siquiera la rutina,
limó su rebeldía.
El revés de la vigilia no es el reposo,
sino el péndulo herido por el fuego de la zozobra.

THE CONTEXTUAL CONTOURS OF SOR JUANA INÉS

Mother, little mother Juana,
the men in your town were all tough guys,
their spurs began to die at your brow,
no one topped
the shameful evenings
beneath the linens of the grandfather's patio;
the little girl wasn't happy,
who would suspect then that strong, warm
vein of iron
that skewered her heart.
A know-it-all caught in our hands, they were saying,
those pallid superiors who mocked.
Does anyone remember their names?
the names of those tough guys?
Her illicit father was one of them, doubtless,
and also the noblemen with their pedestrian cosmetics,
the lovers, the bosses in almost all professions,
everybody knows they were the owners
of the faith and the money
and sex also.
A disconcerting woman now maturing in the cell,
the Gongoran voices rescuing the cursed dust,
there she tenaciously plunders poetry and stuffs her pockets
with those volcanic gemstones
to punish the insanity.
Little Mother Juana with her hair shirt a bullet bandolier,
and god himself a tough guy
and you, nothing to be done about it,
defamed through the centuries, imperfect little creature.

CONTEXTOS DE SOR JUANA INÉS

Madre, madrecita Juana,
todos eran hombrazos en su pueblo,
las espuelas empezaron a morir contra su frente,
nadie colmaba en
las tardes impúdicas
bajo los lienzos del patio del abuelo;
no era feliz la muchachita,
quién iría a sospechar entonces aquella vena férrea
y cálida
que le espetaba el corazón.
Sabihonda retenida en nuestras manos, ya decían,
se burlaban los pálidos superiores,
¿alguien recuerda sus nombres?
¿los de aquellos hombrazos?
El padre natural era uno de ellos, qué duda cabe,
y también los hidalgos con sus cosméticos pedestres,
los amantes, los patrones de casi todos los oficios,
ya se sabe, eran los dueños
de la fe y de la moneda,
del sexo también.
Desconcertante mujer ya madurando en la celda,
las gongorinas voces rescatando los polvos malditos,
allí saquea con tesón la poesía y se llena
los bolsillos de esas piedras volcánicas
para castigar la vesania.
Madrecita Juana del cilicio en bandolera,
el propio dios era todo un hombrazo
y tú así, qué remedio,
recordada por los siglos, la criatura imperfecta.

A LECTURE

I'm trying to explain something to my students
who ask about everything, the word
impure,
conjectures about that tremulous page now so distant,
and what became of the lavish fury with which the ancient poets
strived,
where do the whispers of the yellowed chapters go,
the squeaks of folding screens and verses,
the indocile pollen that makes me a living,
printed passion, caught in wispy clouds,
that cold blast that separates us.
What can I discern from an anxious profile,
newly sparked by amorous adolescent fires.
Professors don't lecture on their own love,
on slight suffering,
nor on nostalgia for the tombstone crucified at dusk,
burning there too is an unpredicted heart,
pay attention to my lecture,
behind it hide my own tremulous page, my fury,
the whispers, the folding screens.

CONFERENCIA

Pretendo explicar algo a mis alumnos
que todo lo preguntan, la palabra
impura
las conjeturas sobre aquella página trémula ya tan distante,
qué se hizo de la furia manirrota en que se empeñaban
los antiguos poetas,
dónde va el rumor de los capítulos amarillentos,
el crujido de las mamparas y los versos,
indócil polen que me gana la vida,
la pasión impresa, detenida en los celajes,
ese frío soplo que nos separa.
Cómo puedo saber yo del perfil inquieto,
encendido apenas por el fuego enamorado de la adolescencia.
Los profesores no disertan del amor personal,
del sufrimiento leve,
ni de la nostalgia por la loseta crucificada en la penumbra,
allí también arde un corazón impensado,
sigan atentos a mi charla,
tras ella se esconde mi propia página trémula, mi furia,
el rumor, las mamparas.

FINAL
Limitations / Limitaciones

There is a line of Verlaine that I'll fail to remember.
There is a nearby street that bans my footsteps.
There is a mirror that has seen me for the last time.
There is a door I have closed until the end of the world.

Jorge Luis Borges
"Limits"
The Maker

Hay una línea de Verlaine que no volveré a recordar.
Hay una calle próxima que está vedada a mis pasos.
Hay un espejo que me ha visto por última vez.
Hay una puerta que he cerrado hasta el fin del mundo.

Jorge Luis Borges
"Límites"
El Hacedor

ENCOUNTERS

A hasty swallow inscribing
the lonely twilight
over the towers of Salamanca;
a steed afloat in the mist
of that tiny Belgian town;
a stray cat wandering through Bloomsbury,
barely terrified, now accepts the watchful caress,
a dog dying in agony
against the rocks of Pompeii,
dreaming of his lost home;
a deer that flees through the bright countryside of Poitou
between a dark forest he abandons
and another dark forest awaiting him;
a dove in San Marcos Plaza,
disowned by, and yet, still captive to beauty;
my fellow beings,
my equals.

ENCUENTROS

Una golondrina trazando, desalada,
el atardecer solitario
sobre las torres de Salamanca;
un caballo que flota en la neblina
de aquel pueblecito belga;
un gato sin dueño, caminando por Bloomsbury,
que acepta la velada caricia, apenas horrorizado;
un perro agonizante
contra las piedras de Pompeya,
mientras sueña con el hogar perdido;
un ciervo que huye por la clara campiña del Poitou,
entre un bosque negro que abandona
y otro bosque negro que lo espera;
una paloma en la plaza de San Marcos,
renegada y cautiva, al mismo tiempo, de la belleza;
mis semejantes,
mis iguales.

LOSSES

Friends have been departing, each in their own way;
I lost the oblivion of the dawn,
a distant pine,
certain impossible melodies;
scarcely a breath of time has taken my family away,
and I no longer recognize my beautiful mother
in this aged woman who retains
the useless, confused dust of my infancy;
my dog died, the fern died,
the tiles and the grating
of what I thought was my house have died;
the frightened gods have also abandoned me.

DEJACIONES

Se han ido yendo los amigos, cada cual a su forma;
perdí el olvido del amanecer,
un pino lejano,
ciertas músicas imposibles;
apenas un soplo del tiempo me ha llevado la familia
y ya no reconozco a mi bella madre
en esta anciana que retiene
el polvo inútil y confundido de mi infancia;
murió mi perra, murió el helecho,
murieron los azulejos y los herrajes
de aquello que pensé que era mi casa;
los espantados dioses también me han abandonado.

CAPITALS

Don't look at the stone monuments anymore,
panic sculpted by bashing with a mallet, on the top of the columns,
accursed capitals,
driven to despair and arrogant, they hope for nothing,
hardly absent from their own horror.
Who made them that way?
Deformed,
offensive,
too insistent on their dementia
they never completely obtained pardon, nor did they want it,
only the passing of time made them tolerable.
Monsters, little, pathetic monsterlings,
how did they dare exhibit their ugliness,
screaming their useless defiance in the cloister where everyone hushes,
senseless, they will continue in their place
long after the lie
has become an insignificant part of memory;
with their miserable truth, they still remain there, stoned to death,
under the eyes
of so much unpunished curiosity.
And don't even think about looking at me,
with my hundreds of petrified monsters inside,
as terrified and arrogant as these capitals.

CAPITELES

No mires más los monstruos de la piedra,
pánico tallado a mandarriazos en lo alto de las columnas,
capiteles malditos,
desesperanzados y soberbios no esperan nada,
apenas ausentes de su propio horror.
¿Quiénes los hicieron así?
Deformes,
ofensivos,
demasiado insistentes en la demencia
nunca obtuvieron del todo el perdón, ni lo quisieron,
tan sólo el paso del tiempo los volvió tolerables.
Monstruos, monstruicos patéticos,
cómo pudieron atreverse a exhibir su fealdad,
gritando su desafío inútil en el claustro donde todos callan,
insensatos seguirán en su sitio
mucho después que la mentira
haya pasado a ser una parte insignificante del recuerdo;
con su mísera verdad permanecen todavía allí, lapidados,
bajo los ojos
de tanta curiosidad impune.
Y ni se te ocurra mirarme a mí,
con cientos de monstruos petrificados dentro,
tan aterrorizados y orgullosos como estos capiteles.

CHOICES

Winter has always chosen on our behalf;
but you chose for me
the tenuous violet of memory
and a walk under the sun toward nowhere.
I choose for you
to burn in the incense of still to come.

VISIONS

In my dreams I saw
a burning sea;
seven rooms without a passageway, one within the other,
smaller and smaller,
like Chinese boxes;
and the noise—only the noise—
of dark waters rushing over a cliff.
Oh, the simplicity of the encoding!

ELECCIONES

El invierno ha elegido siempre por nosotros;
pero tú elegiste para mí
el tenue violeta de la memoria
y una caminata bajo el sol hacia ninguna parte.
Yo elijo para ti
arder en el incienso del todavía.

VISIONES

Vi pasar en mi sueño
un piélago incendiado;
siete habitaciones sin tránsito, una dentro de otra,
cada vez más pequeñas,
como cajitas chinas;
y el ruido —tan solo el ruido—
de unas aguas oscuras despeñándose.
¡Oh, simplicidad del cifrado!

CLOCKS

There is a wall clock, gone mad in its original wood,
with excessive little strikes
it covers my daily journey, encouraging its risks;
the light reflected on a digital screen
shines uselessly in the darkness of the room
where my vigil is amazed;
the out-of-date meridian of that travel clock
continues unfazed its journey to nowhere;
the sphere without timetables
of a pocket watch, chain to an untrustworthy past,
snoozes in the drawer, mislaid forever;
my personal watch, so close to the pulsing hand
and the breast that hesitates, brings forward a senseless quadrant;
inexorably, not one has the right time.

RELOJES

Hay un reloj de pared, enloquecido en su madera original,
de golpecitos desbordados,
que cubre mi jornada, alentando sus riesgos;
la luz espejada de una pantalla digital
irradia inútilmente en la oscuridad de la habitación
donde mi vigilia se asombra;
el meridiano desfasado de aquel reloj de viaje
continúa impasible su tránsito hacia ninguna parte;
la esfera sin horarios
de un reloj de bolsillo, leontina de un pasado poco confiable,
dormita en la gaveta traspapelado para siempre;
mi reloj personal, tan cerca de la mano que palpa
y del pecho que duda, adelanta un cuadrante sin sentido;
de manera irremediable, ninguno está en hora.

OBJECTS

The defenseless objects submit
to the masks of time.
For example, let's take this stone,
this naked little pebble that I found in a drawer.
Where did it come from? How long has it been there?
How did it get here?
Who brought it? Why did I keep it?
Every question I ask myself occasions more perplexity
and forgotten memories.
Is it a pebble from the river or the sea?
Did I pick it up from a creek in the Sierra Maestra?
Or perhaps on the shores of the bucolic Clain or Arno?
Did I find it on the beach at Guanabo,
or on the coast of that Pacific village,
or at the frozen port of Ostende?
Could it be an inland pebble?
Is its origin the dry walls of Ávila,
the ruins of Tula, the hills of Humahuaca,
perhaps my grandparents' rooftop terrace, which no longer exists?
How long have I had it?
Should I count the months, the years, or the decades?
Was it a summer or winter pebble?
What happened that brought it here?
Perhaps the memory of walking though some cemetery?
But which one? And which walk?
Was it the memory of a fortunate encounter
or of a farewell?
What walk carried me toward this pebble,
no larger than a coin?
Did I pick it up? Did I find it or did I look for it?
Did someone give it to me? Who would that someone be?

OBJETOS

Los objetos se someten indefensos
a las máscaras del tiempo.
Tomemos, por ejemplo, esta piedra,
esta desnuda piedrecita que encontré en una gaveta.
¿De dónde vino? ¿Desde cuándo está?
¿Cómo llegó hasta ahí?
¿Quién la trajo? ¿Por qué la conservé conmigo?
Cada pregunta que me hago acumula perplejidades
y desmemorias.
¿Es piedra de río o piedra de mar?
¿La recogí en un riachuelo de la Sierra Maestra?
¿O acaso en las riberas del bucólico Clain, o del Arno?
¿La encontré en la playa de Guanabo,
o en la costa de aquel pueblo del Pacífico,
o en el helado puerto de Ostende?
¿Sería una piedra de tierra adentro?
¿Proviene de las secas murallas de Ávila,
de las ruinas de Tula, de los cerros de Humahuaca,
tal vez de la azotea de los abuelos que ya no existe?
¿Desde cuándo está conmigo?
¿Hago la cuenta por meses, por años, o por décadas?
¿Fue piedra de verano o de invierno?
¿Qué suceso la trajo?
¿Quizás el recuerdo del tránsito por algún cementerio?
¿Pero cuál de ellos? ¿Y cuál de los tránsitos?
¿Fue la memoria de un encuentro afortunado
o de una despedida?
¿Qué caminata me llevó hasta esta piedra,
no más grande que una moneda?
¿La recogí yo? ¿La encontré o la busqué?
¿Me la dio alguien? ¿Quién sería ese alguien?

Will that person still be among us or have also forgotten me?
Will this someone have kept a twin stone?
And even more:
Is this pebble really mine?
Or has it all been a mistake?
The place we call soul fills me with fear
when the infinite appears, even like this.
And when we have just taken, by way of example,
a pebble,
among so many, so many objects,
this tiny pebble.

OBSESSIONS

A talisman blended with the shadow of the wing
that I am lacking;
a final rain;
some idle ruins upon that hill
that I will never visit again;
inevitably their simulated image endures
like the moons reflected in the mirror.

¿Estará aún entre nosotros? ¿Me habrá olvidado también?
¿Conservará otra piedra gemela a la mía?
Y aún más:
¿Será mía esta piedra?
¿O todo ha sido un error?
El sitio que llamamos alma se me llena de espanto
cuando irrumpe, incluso así, el infinito.
Y eso que apenas hemos tomado, a modo de ejemplo,
una piedra,
entre tantos y tantos objetos,
esta pequeñita piedra.

OBSESIONES

Un talismán confundido con la sombra del ala
que me falta;
una postrera lluvia;
unas ruinas ociosas sobre aquella colina
que nunca volveré a visitar;
fatalmente perdura su simulada imagen
como las lunas reflejadas sobre el espejo.

OMENS

Fragile theater, the salt and iodine destroy the cabbala,
the challenge of an eternal question;
parody was necessary, sweet hallucination;
nothing endures,
except a handful of keys damaged by rust.
Someone is keeping a pinch of thyme,
someone peers into a dry hole,
someone covers the bed with torn linen,
and any complaint will be useless.

FIRES

I don't know the secret of the little dry twigs
that crackle as they burn in the brazier.
Yes, the protection of the bonfire was within my heritage,
but I am uneasy with the somber flame
of twilight in the hills
and the rekindling of the coals.
Any solitary light fills me with something similar to fright,
I mean those unique, enigmatic, little lights,
distant for all eternity
for a passenger who riding the rails meditates like I do
on her anticipated nostalgia.

PRESAGIOS

Frágil decorado, la sal y el yodo devastan la cábala,
el reto de una pregunta eterna;
fue necesaria la parodia, la dulce alucinación;
nada perdura,
sino un manojo de llaves heridas por el óxido.
Alguien guarda un gajo de tomillo,
alguien se asoma a un pozo seco,
alguien cubre el lecho con un lienzo rasgado,
y toda renuncia será inútil.

FUEGOS

Desconozco el secreto de las ramitas secas
que crepitan ardiendo en el brasero.
Sí, el resguardo de la hoguera estuvo en mis ancestros,
pero a mí me inquieta la sombría lumbre
del atardecer en los cerros
y el fogonazo tardío de las ascuas.
Cualquier luz solitaria me llena de algo parecido al espanto,
hablo de esas lucecitas únicas, enigmáticas,
distantes toda la eternidad
para un pasajero como yo que discurre sobre los rieles
su anticipada nostalgia.

LITTLE STREETS

My life's little streets
like premonitions or threats,
pleas,
illuminations,
strange, past repercussions still not revealed
completely:
amistad at the corner of barcelona
campanario between zanja and dragones
rue de mouton
santa maría
calle ocho in miramar
virtudes facing blanco
ánimas
diecinueve in vedado
compostela and luz.

CALLECITAS

Callecitas de mi vida,
como premoniciones o amenazas,
plegarias,
iluminaciones,
extrañas resonancias pretéritas todavía no reveladas
del todo:
amistad esquina a barcelona
campanario entre zanja y dragones
rue du mouton
santa maría
calle ocho de miramar
virtudes frente a blanco
ánimas
diecinueve en el vedado
compostela y luz.

BELIEFS

My great-great-grandparents believed in the land,
they noted their blind faith in irreproachable clods of earth
that provided almost everything necessary;
the indispensable cow in the stable, the saw, why anything else;
all trustworthy and in order
as to last forever.
My great-grandparents believed in travel,
the promised city,
the gold dust falling perhaps like manna
upon the callouses of their hands,
and they sent their children, my grandparents, away;
and they believed, believed,
although they didn't see even a glimpse of the golden gods;
so, they again had faith in impassive objects,
the large chest, a long braid, the cabinets
where they kept the flour.
My parents also believed in what was theirs,
a solid family like a gold coin buried in the sand,
their name will live on
they will celebrate their diamond wedding anniversary.
I too believed in almost the same things
not to mention others that I gradually am forgetting.

CREDULIDADES

Mis tatarabuelos creyeron en la tierra,
anotaron su fe ciega en los irreprochables terrones
que proveían casi lo necesario;
la sempiterna vaca en el establo, un serrucho, para qué más;
todo fiel y ordenado,
como para durar hasta siempre.
Mis bisabuelos creyeron en el viaje,
la ciudad prometida,
el polvo de oro cayendo quizás como el maná
sobre las callosidades de sus manos
y despacharon a sus hijos, mis abuelos;
y ellos creían, creían,
aunque no vieron ni por asomo a los dioses dorados;
así, tuvieron otra vez fe en los objetos inconmovibles,
el arcón, una trenza anudada, los anaqueles
para guardar la harina.
Mis padres también creyeron en lo suyo,
una familia sólida como un doblón enterrado en la arena,
durará tanto el apellido
y tendrán bodas de diamante.
Yo también creí casi en las mismas cosas
y aún en otras que se me han ido olvidando.

RUINS

My little book of phone numbers
is like a place in ruins.
In its faded pages, with its spots of ink
and moisture,
I still keep the names and addresses
of those no longer here.
I don't want to mark out those names,
it would be letting their owners go
and then yes, forever.

RUINAS

Mi libreta de teléfonos
es como un lugar en ruinas.
En sus páginas ajadas, con máculas de tinta
y humedad,
sigo conservando los nombres y las señas
de los que ya no están.
No quiero tachar estos nombres,
sería como si dejara irse a sus dueños
 y entonces sí para siempre.

AUTHOR BIO

Mirta Gloria Yáñez Quiñoá, nom de plume Mirta Yáñez, was born in Havana (1947) and resides in that city. She is a writer and journalist and for many years held the position of Professor of Spanish-American Literature at the University of Havana, Cuba. She completed her B.A. in Language and Hispanic Literature in 1970. In 1971 her first book was published, a volume of poetry titled *The Visits,* which garnered first prize in the annual March 13th Competition. She completed her Doctorate in Philology in 1992. To date she has close to fifty book publications of her poetry, short stories, novels, and essays. Her writings have received many and diverse prizes.

In 2014 she published *Damas de* Social: *Intelectuales cubanas en la revista* Social, in collaboration with Nancy Alonso. In that same year a bilingual edition of her most recent novel, *The Bleeding Wound/Sangra por la herida,* translation into English by Sara E. Cooper, was released by Cubanabooks.

Five of Yáñez's books have been awarded the national Cuban National Literary Critics Prize: *El diablo son las cosas* (short stories, 1988); *La narrativa del romanticismo en Latinoamérica* (essay, 1990); *Falsos documentos* (short stories, 2005); *Sangra por la herida* (novel, 2010)—which also was honored with the Cuban Academy of the Language Prize in 2012; and *Damas de* Social*: Intelectuales cubanas en la revista* Social (cultural history, 2014).

Mirta Yáñez has been a frequent participant in seminars and colloquia, as well as teaching numerous courses and speaking by invitation at many universities and research centers in Europe, the United States and Latin America. As a scholar she has edited anthologies and contributed prologues and works of literary criticism, most notably *Estatuas de sal: Cuentistas cubanas contemporáneas* (Havana, 1996), *Álbum de poetisas cubanas* (Havana, 1997), *Cubana* (Boston, 1998), *Habaneras* (Spain, 2000),

BREVE BIOGRAFÍA DE LA AUTORA

Mirta Gloria Yáñez Quiñoá, *nom de plume* Mirta Yáñez, nació en La Habana (1947) y reside en esa ciudad. Es escritora, periodista, y fue durante muchos años Profesora de Literatura Hispanoamericana en la Universidad de La Habana, Cuba. Recibió su título de Licenciada en Lengua y Literaturas Hispánicas en 1970. En el año 1971 fue publicado su primer libro, el poemario *Las visitas,* Premio del Concurso "13 de Marzo." Obtuvo el título de Doctora en Ciencias Filológicas en 1992. Hasta la fecha tiene cerca de cincuenta publicaciones de libros de los géneros de poesía, narrativa y ensayo. Sus obras han recibido diversos premios.

En el 2014 publicó *Damas de* Social. *Intelectuales cubanas en la revista* Social, en colaboración con Nancy Alonso, y ese mismo año apareció en Estados Unidos su novela *The Bleeding Wound/Sangra por la herida,* en edición bilingüe a cargo de Cubanabooks, con traducción al inglés por Sara E. Cooper.

Cinco libros suyos han obtenido en Cuba el "Premio de la Crítica Literaria:" *El diablo son las cosas* (colección de cuentos, 1988), *La narrativa del romanticismo en Latinoamérica* (ensayo, 1990), *Falsos documentos* (colección de cuentos, 2005), *Sangra por la herida* (novela, 2010), libro que también obtuvo el Premio de la Academia Cubana de la Lengua en el 2012, y *Damas de* Social. *Intelectuales cubanas en la revista* Social (investigación cultural, 2014).

Mirta Yáñez ha participado frecuentemente en seminarios y coloquios, así como ha ofrecido numerosos cursos y conferencias en universidades y centros de estudios de Europa, Estados Unidos y América Latina. Como investigadora ha realizado antologías, prólogos y otros textos de crítica literaria, destacándose *Estatuas de sal. Cuentistas cubanas contemporáneas* (La Habana, 1996), *Álbum de poetisas cubanas* (La Habana, 1997), *Cubana* (Boston, 1998), *Habaneras* (España, 2000), *Making a*

Making a Scene (London, 2004) and *El romanticismo hispanoamericano: Antología* (Havana, 2012).

Doctor Yáñez is a Member of the Cuban Academy of Language, a singular honor granted in 2015. Her work has been translated into English, German, French, and many other languages. Among the recognitions of her exceptional gifts are the publications of her writings in other countries, among them England, the United States, Mexico, Germany, and France.

The Visits and Other Poems/Las visitas y otros poemas is her first volume of poetry translated into English, by Elizabeth Gamble Miller.

scene (Londres, 2004) y *El romanticismo hispanoamericano. Antología* (La Habana, 2012).

La Doctora Yáñez es miembro de la Academia Cubana de la Lengua, honor singular otorgado en 2015. Su obra ha sido traducida al inglés, alemán y francés, entre otras lenguas. Sus dotes excepcionales han sido reconocidas con las publicaciones de su obra en países como Inglaterra, Estados Unidos, México, Alemania y Francia.

Las visitas y otros poemas es el primer volumen de su poesía traducida al inglés, por Elizabeth Gamble Miller.

TRANSLATOR BIO

Elizabeth Gamble Miller, Ph.D., *professor emeritus*, 2002, World Languages and Literatures, Southern Methodist University (Dallas, Texas), is a literary translator of contemporary poetry and prose by some twenty authors, natives of Cuba, El Salvador, Argentina, Mexico, Chile, Bolivia, and Spain. Bilingual book editions of her translations have been published of works by Nela Rio (Argentina, Canada), Hugo Lindo (El Salvador), David Escobar Galindo (El Salvador), Claudio Ernesto García (El Salvador, Cataluña), Jacqueline Balcells (Chile), Víctor Montoya (Bolivia), and chapbooks of poetry by Claudio Rodríguez (Spain), Antonio Porpetta (Spain), and Jacque Canales (Spain).

Miller is a member of the board of *Translation Review*, an elected associate member of the Academia Salvadoreña de la Lengua, affiliated with the Asociación Prometeo de Poesía and the Academia Iberoamericana de Madrid, and the Registro Creativo de Hispanistas Canadienses. She has served as a judge in Madrid for the Asociación Prometeo de Poesía Poetry Prize, in the United States for the Texas Institute of Letters Soeurette Diehl Fraser Award for Best Book of Translation, and for the American Literary Translators Association Book Translation Award.

She has many articles, essays, and translations in anthologies and literary journals, among them *World Literature Today, Mid-American Review, Translation Review, New Orleans Review,* and *International Quarterly*. As a speaker, a panelist, or workshop director she has participated frequently in international conferences in Cuba, Panama, Guatemala, Honduras, Puerto Rico, Mexico, the United States, Canada, Spain, and England.

BREVE BIOGRAFÍA DE LA TRADUCTORA

Elizabeth Gamble Miller, Ph.D., profesora emérita, 2002, de la facultad de Lenguas y Literaturas Mundiales, de Southern Methodist University (Dallas, Texas), es traductora literaria de la prosa y poesía contemporánea de unos veinte autores nacidos en Cuba, El Salvador, Argentina, México, Chile, Bolivia y España. Han sido publicadas ediciones de libros bilingües con sus traducciones de obras de Nela Río (Argentina, Canadá), Hugo Lindo (El Salvador), David Escobar Galindo (El Salvador), Claudio Ernesto García (El Salvador, Cataluña), Jacqueline Balcells (Chile), Víctor Montoya (Bolivia), además de libros de bolsillo de poemas de Claudio Rodríguez (España), Antonio Porpetta (España) y Jacque Canales (España).

La doctora Miller es miembro de la mesa directiva de *Translation Review,* elegida Académica Correspondiente de la Academia Salvadoreña de la Lengua en 1985, y Afiliada del Registro Creativo de Hispanistas Canadienses. Ha servido como jurado para otorgar el Premio de la Poesía de la Asociación Prometeo de Poesía de Madrid, y en el Premio Soeurette Diehl Fraser al Traductor/a del Mejor Libro Traducido en Tejas, y el premio internacional de la Asociación de Traductores Literarios Americanos al Traductor/a del Mejor Libro Traducido del Año.

Sus ensayos, reseñas y traducciones se encuentran en varias antologías y revistas literarias, entre ellas *World Literature Today, Mid-American Review, Translation Review, New Orleans Review,* e *International Quarterly.* Ha asistido frecuentemente a congresos internacionales como conferenciante, participante de mesa, o directora de taller de traducción en Cuba, Panamá, Guatemala, Honduras, Puerto Rico, México, Estados Unidos, Canadá, España e Inglaterra.

ALSO AVAILABLE FROM CUBANABOOKS
OTROS TÍTULOS DE CUBANABOOKS

Always Rebellious/Cimarroneando
Poems by Georgina Herrera/coordinated by Juanamaría Cordones-Cook
ISBN 978-0-9827860-6-2
International Latino Book Award Winner!
Poetry of origin, pain, heartbreak, and consolation by Afro-Cuban Georgina Herrera.

An Address in Havana/Domicilio habanero
Short stories by María Elena Llana/translated by Barbara Riess
ISBN 978-0-9827860-3-1
International Latino Book Award Winner!
Solitary characters, afflicted by real or fictitious fears…a world plagued with absurdities…. Exceptional stories, told through a subjectively ironic perspective with both humor and an evenhanded cruelty.

Disconnect/Desencuentro
Short stories by Nancy Alonso/translated by Anne Fountain
ISBN 978-0-9827860-1-7
Irony and subtle humor permeate these stories that explore sexuality, morality, and coincidence in present day Cuba.

Havana Is a Really Big City/La Habana es una ciudad bien grande
Short stories by Mirta Yáñez /translated by Sara Cooper, et. al.
ISBN 978-0-9827860-0-0
These humorous and poignant stories that illustrate everyday life in contemporary Havana will challenge the reader's assumptions about the Cuban reality.

Homing Instincts/Querencias
Poems by Nancy Morejón/translated by Pamela Carmell
ISBN 978-0-9827860-5-5
International Latino Book Award Winner!

In this bilingual collection of poetry, Afro-Cuban *belle des letres* Nancy Morejón reveals depths of passion and pride.

Ophelias/Ofelias
Short stories by Aida Bahr/translated by Dick Cluster
ISBN 978-0-9827860-2-4
Ophelias is about eight women pushed to the edge of madness. Their stories could happen anywhere—and they could only happen in Cuba.

The Bleeding Wound/Sangra por la herida
A novel by Mirta Yáñez/translated by Sara E. Cooper
ISBN 978-0-9827860-7-9
International Latino Book Award Winner!
A novel of postmodern transcendence and a painful recuperation of memory, with dark humor and irreverence *The Bleeding Wound* reveals the reality of Cuba—in the heyday of the Revolution and today.

The Memory of Silence/Memoria del silencio
A novel by Uva De Aragón/translated By Jeffrey C. Barnett
ISBN 978-0-9827860-4-8
International Latino Book Award Winner!
A metaphor of a nation and its Diaspora, *The Memory of Silence/Memoria del silencio* transcends the Cuban reality and becomes a story of universal breadth, a triumph of love and family over distance and politics.

FORTHCOMING TITLES FROM CUBANABOOKS
FUTUROS TÍTULOS DE CUBANABOOKS

About Spirits & Other Mysteries/Sobre espíritus & otros misterios
Short tales by Esther Díaz Llanillo/translated by Manuel Martínez
ISBN 978-1-944176-10-5
The unexpected creeps or lunges into daily life in these quirky stories, in which the characters must struggle against a variety of foes—from ghosts, to inimical forces, to their own fatal flaws.

Flocks/Rebaños
Poetry by Zurelys López Amaya/translated by Jeffrey C. Barnett
ISBN 978-1-944176-08-2
These verses and prose poems offer difficult, hermetic verbal snapshots of Cuba. The book is filled with irony, anguish, disillusionment, and the author's strength and desire to continue searching.

Gelsomina in the White Madhouse/Desde los blancos manicomios
A novel by Margarita Mateo Palmer/translated by
Rebecca Hanssens-Reed
ISBN 978-1-944176-09-9
In this cathartic novel inspired by the author's own battle with the angels and demons of insanity, the main character is a female Don Quijote navigating the confusing and complex reality of post-Soviet Cuba.

Universo and the List/Universo y la lista
Short stories by Laidi Fernández de Juan/translated by Mary G. Berg
ISBN 978-1-944176-12-9
Does trafficking in red beans, peas and coffee constitute a serious crime? Interconnected stories explore this and other absurd questions of everyday Cuban life, revealing the seriously humorous perspective of regular Cuban people.

2016 INTERNATIONAL LATINO BOOK AWARDS WINNERS

Best Fiction Book Translation—Spanish to English:

1st Place: *An Address in Havana/Domicilio habanero* by María Elena Llana and translated by Barbara Riess

2nd Place: *The Bleeding Wound/Sangra por la herida* by Mirta Yáñez and translated by Sara E. Cooper

Best Poetry Book—Bilingual:

1st Place: *Always Rebellious/Cimarroneando* by Georgina Herrera and translated by Juanamaría Cordones-Cook

Honorable Mention: *Homing Instincts/Querencias* by Nancy Morejón and translated by Pamela Carmell

Best Novel—Historical Fiction—Bilingual or Spanish:

2nd Place: *The Memory of Silence/Memoria del silencio* by Uva de Aragón and translated by Jeffrey C. Barnett

ORDER CUBANANBOOKS TITLES

Distributed by Small Press Distribution
Available through Ingram, Baker & Taylor, and Project Muse
Get paperbacks and e-books on Amazon
Receive discounted prices at www.csuchico.edu/Cubanabooks